Julia Höger-Pelzer

Künstliche Intelligenz

trifft Klassenzimmer

Deine Reise
in den KI-unterstützten Unterricht
beginnt hier!

Verlag: BoD · Books on Demand GmbH, In de Tarpen 42,
22848 Norderstedt, bod@bod.de
Druck: Libri Plureos GmbH, Friedensallee 273,
22763 Hamburg
ISBN: 978-3-7597-8379-0

Herzlich
Willkommen

Hallo, ich bin Julia – Lehrerin an einem Berufskolleg und Dozentin für digitale Medien an einem Fortbildungsinstitut.

In diesem Workbook zeige ich dir Schritt für Schritt, wie du Künstliche Intelligenz (KI) in deinem eigenen Tempo in deinen Unterricht integrieren kannst.

In meinen Fächern Wirtschaftswissenschaften und Spanisch bringt KI viele Vorteile: Sie unterstützt mich bei der Unterrichtsplanung, Textarbeit und Feedbackgestaltung.

Gleichzeitig motiviert sie meine Schüler*innen durch interaktive, zeitgemäße Ansätze.

Dieses Workbook beantwortet dir grundlegende Fragen, stellt praxisnahe Anwendungsbeispiele bereit und bietet Raum für deine eigenen Ideen. Starte in kleinen Schritten und entdecke, wie gut KI im Unterricht funktioniert.

Los geht's – viel Freude dabei!

Julia

In den nächsten Minuten lade ich dich ein, über deine eigenen Gedanken und Erfahrungen mit KI nachzudenken. Was bedeutet Künstliche Intelligenz für dich? Welche Anwendungen kennst du bereits im Bildungsbereich? Nutze diesen Raum, um deine Ideen festzuhalten und ein persönliches Verständnis zu entwickeln, das dich auf dem Weg durch dieses Workbook unterstützt.

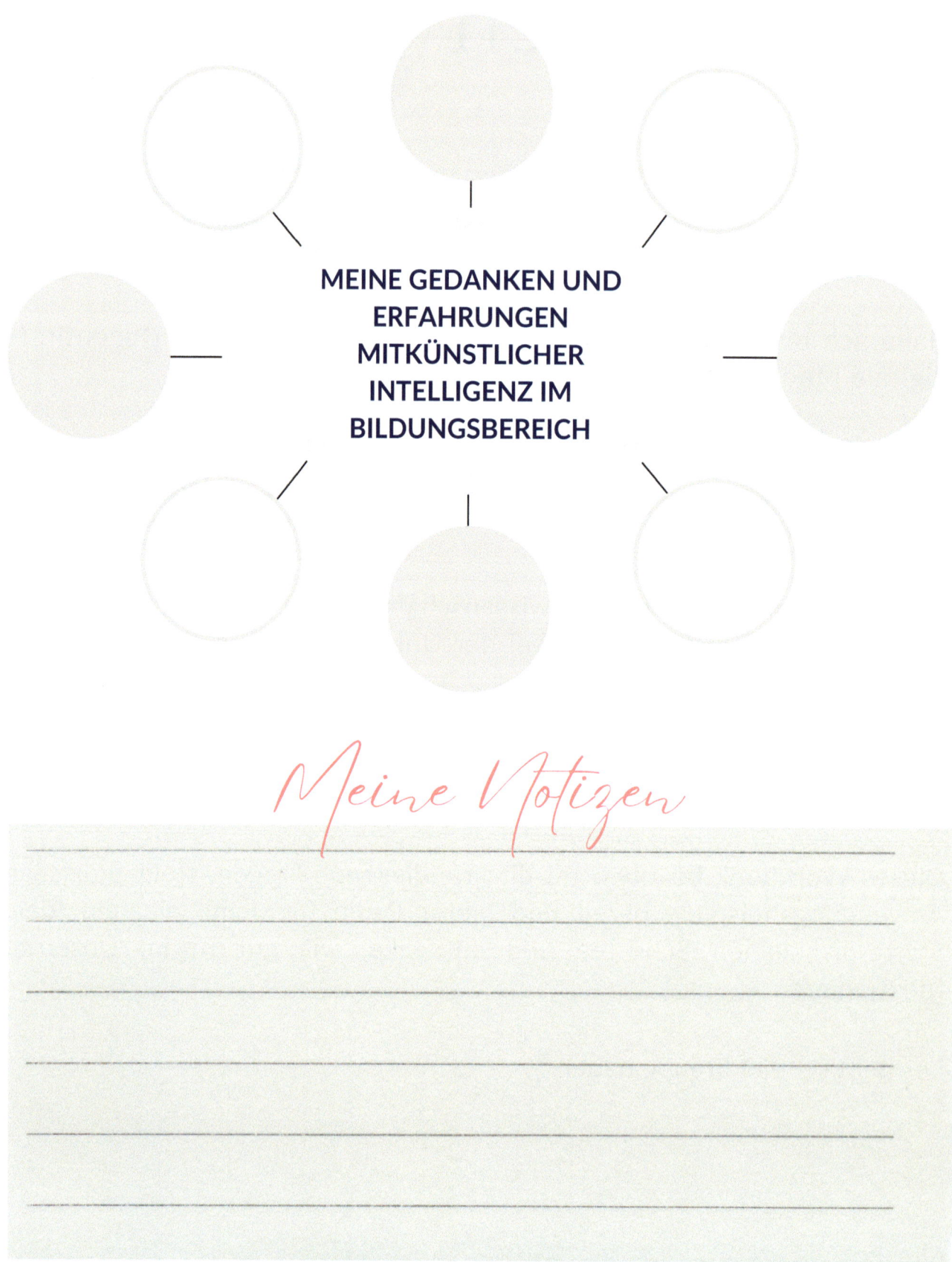

MEINE GEDANKEN UND ERFAHRUNGEN MITKÜNSTLICHER INTELLIGENZ IM BILDUNGSBEREICH

Meine Notizen

_____

_____

_____

_____

_____

Nachdem du dich intensiv mit deinen Gedanken zur Künstlichen Intelligenz (KI) im Bildungsbereich auseinandergesetzt hast, möchten wir nun einen Schritt weiter gehen.

Die folgende FAQ-Liste beantwortet häufige Fragen von Lehrkräften zur Anwendung von KI in der Schule und gibt dir einen Einblick in die Chancen und Herausforderungen. Ein KI-Tool wie ChatGPT bietet dabei mehr als nur Zeitersparnis: Es hilft bei der Materialerstellung, begleitet Lernfortschritte und automatisiert Routineaufgaben – so bleibt dir mehr Zeit für die individuelle Förderung deiner Schüler*innen.

Durch interaktive Einsatzmöglichkeiten, wie die Bewertung von Aufgaben oder die Erstellung von Quizfragen, bereichert ChatGPT den Unterricht und stärkt das Potenzial für gezielte Unterstützung.

Jetzt geht's los – entdecke, wie du KI im Unterricht nutzen kannst!

FAQS

Was ist Künstliche Intelligenz (KI)?

KI bezeichnet Technologien, die es Maschinen ermöglichen, menschenähnliche Fähigkeiten zu entwickeln, wie Lernen, Problemlösen und Entscheidungsfindung.

Wie kann KI im Unterricht eingesetzt werden?

KI kann zur Personalisierung des Lernens, zur Automatisierung von Bewertungen, zur Bereitstellung von Lernressourcen und zur Analyse von Lernverhalten eingesetzt werden.

Welche Vorteile bietet der Einsatz von KI im Bildungsbereich?

KI kann den Unterricht effizienter gestalten, individuelles Lernen fördern und Lehrkräfte entlasten, indem sie administrative Aufgaben übernimmt.

Gibt es Risiken oder Herausforderungen beim Einsatz von KI im Unterricht?

Ja, Herausforderungen können Datenschutzbedenken, ungleiche Zugänge zu Technologie und die Notwendigkeit der Schulung von Lehrkräften umfassen.

Kann KI die Rolle der Lehrkraft ersetzen?

KI soll Lehrkräfte nicht ersetzen, sondern unterstützen. Lehrkräfte bringen pädagogische Expertise und Empathie ein, die KI nicht leisten kann. Die menschliche Interaktion bleibt entscheidend für ein erfolgreiches Lernen.

Wie kann ich als Lehrkraft KI schrittweise in meinen Unterricht integrieren?

Beginne mit kleinen Schritten. Teste einzelne Anwendungen und überlege, welche am besten zu dir und deinem Unterricht passt.

Inhalte

Registrierung & Anmeldung

Dieses Workbook begleitet dich Schritt für Schritt durch die Grundlagen, Einstellungen und Hintergrundinformationen zu ChatGPT. *Beispielprompts* erkennst du an diesem Symbol .

Die Erklärungen sind bewusst kompakt gehalten, um dir den Einstieg so einfach wie möglich zu machen. Bitte beachte, dass OpenAI die Benutzeroberfläche von ChatGPT regelmäßig aktualisiert und neue Funktionen testet. Diese stehen nicht immer sofort allen Nutzern zur Verfügung. Lass dich daher nicht verunsichern, falls einige Features bei dir noch nicht verfügbar sind oder die Abbildungen und Beschreibungen in diesem Kapitel leicht abweichen.

In diesem Workbook konzentriere ich mich auf die kostenlose Version von ChatGPT. Darüber hinaus gibt es eine kostenpflichtige Version mit erweitertem Funktionsumfang, die sich insbesondere für komplexere Anwendungen eignet.

Und nun lasst uns gemeinsam starten:

Registrieren: *https://chatgpt.com/auth/login*

Registrieren: Klicke auf „Registrieren", um ein neues Konto anzulegen. (Wenn Du bereits ein Konto hast, melde Dich an.) Du kannst Dich entweder mit einer E-Mail-Adresse anmelden oder ein bestehendes Google- oder Microsoft-Konto verwenden.

E-Mail-Bestätigung: Wenn Du eine E-Mail-Adresse angegeben hast, erhältst Du eine Bestätigungs-E-Mail von OpenAI. Klicke auf den Link in der E-Mail, um dein Konto zu verifizieren und die Registrierung abzuschließen.

Profil erstellen: Nach der Verifizierung wirst du aufgefordert, einige grundlegende Informationen wie deinen Namen und deine Telefonnummer anzugeben, um dein Konto zu sichern und zu verifizieren.

Nutzungsbedingungen akzeptieren: Lies und akzeptiere die Nutzungsbedingungen sowie die Datenschutzrichtlinien von OpenAI.

Erste Konfiguration: Nachdem du deinen Account erstellt hast, wirst du zur ChatGPT-Oberfläche weitergeleitet. Hier hast du Zugriff auf die Chat-Funktion sowie verschiedene Einstellungsmöglichkeiten.

1.1 Erste Schritte

Öffne ChatGPT über die Webanwendung oder die App und logge dich ein. Du siehst nun ein Chatfenster, in dem du Fragen stellen, Texte eingeben und Anweisungen geben kannst. Schreibe einfach deine Frage oder Aufgabe in das Textfeld unten und drücke „Enter". ChatGPT antwortet direkt im Chat.

01 Wie ist ChatGPT aufgebaut?

ChatGPT funktioniert ähnlich wie ein Chatroom:

Textfeld: Hier trägst du deinen Text ein. Du kannst Fragen zu einem Thema stellen oder Hilfe zu Unterrichtsinhalten, Aufgaben oder auch organisatorischen Fragen bekommen.

Verlauf: Deine Unterhaltungen werden in einem Verlauf angezeigt, so dass du jederzeit ältere Antworten nachlesen oder darauf aufbauen kannst.

Einstellungen: In den Einstellungen hast du die Möglichkeit, zum Beispiel die Sprache anzupassen oder dich über den Datenschutz zu informieren.

02 Tipps für deine Eingaben

Klar formulieren: Je genauer du deine Frage stellst, desto präziser fällt die Antwort aus.

Experimente zulassen: ChatGPT kann vieles – probiere einfach aus, was für dich und deinen Unterricht hilfreich ist! Ob kreative Ideen, Unterrichtsplanungen oder fachliche Fragen – das Modell ist flexibel und passt sich an.

1.2 Chancen von ChatGPT

 Du kannst mehrere Befehle nacheinander eingeben. ChatGPT merkt sich den Kontext der vorherigen Eingaben und berücksichtigt diesen in der neuen Antwort, solange du dich im gleichen Chatverlauf befindest.

 Wenn eine Antwort erstellt wurde, erscheint am Ende der Nachricht ein kleines Menü. Über dieses Menü kannst du dir die Nachricht vorlesen lassen, die Nachricht kopieren (um den Textinhalt z.B. in ein Dokument einzufügen), eine Rückmeldung zum Ergebnis geben oder das Ergebnis erneut erstellen lassen, wenn du mit dem Ergebnis nicht zufrieden bist.

 Wenn du bereits während des Erstellungsprozesses feststellst, dass die Antwort nicht zufriedenstellend ist, kannst du die Textgenerierung über den Button "Stop generating" stoppen. Anschließend musst du nur noch deinen Befehl anpassen und den Generierungsprozess erneut starten

 Willst du eine Anfrage stellen, ohne dass der vorherige Kontext berücksichtigt wird, dann öffne einen neues Chatfenster mit dem Button "Neuer Chat" in der Seiteleiste links oben.

1.3 Herausforderungen von ChatGPT

 ChatGPT wurde mit einem Datensatz trainiert, der Daten bis Oktober 2023 umfasst (Stand 09/24). Dies kann zu Einschränkungen führen, wenn sich deine Anfragen auf aktuelle Ereignisse beziehen. In solchen Fällen könnte ChatGPT keine oder ungenaue Antworten geben."

 ChatGPT liefert nicht immer eine exakte Antwort; es kann Informationen erzeugen, die plausibel klingen, aber nicht korrekt sind. Dies ist besonders häufig bei komplexen Fragen oder technischen Themen der Fall. Anstatt die Unsicherheit anzuzeigen, generiert das Modell in solchen Fällen oft Inhalte, die tatsächlich erfunden sind..

 Für die Anmeldung bei ChatGPT ist eine E-Mail-Adresse erforderlich, außerdem müssen Name und Geburtsdatum angegeben werden. Bitte beachten Sie, dass die Server von OpenAI in den USA gehostet werden, was aufgrund der geltenden Datenschutzbestimmungen der EU zu Einschränkungen bei der Nutzung im Unterricht führen kann.

 Bitte keine sensiblen Daten eingeben! Deine Eingaben können zu Trainingszwecken verwendet werden. Stelle der KI also keine persönlichen oder sensiblen Daten zur Verfügung, vor allem keine Daten zu deinen Schüler*innen, da diese potentiell im Datensatz landen könnten.

 Nach deutschem Recht sind nur Werke urheberrechtlich geschützt, die von einem Menschen geschaffen wurden. Ein Text oder ein Bild, das von einer KI erstellt wurde, kann somit nicht geschützt sein, da keine menschliche Schöpfung vorliegt.

(https://www.rechtzweinull.de/chatgpt- co-urheberrecht-bei-werken-der-kuenstlichen- intelligenz-ki-2/Zugriff am 25.10.2024 um 15:43 Uhr).

02

ChatGPT-Prompts für deinen Unterricht

2.1 Prompts, die jede Lehrkraft kennen sollte

Was ist ein Prompt?
Ein Prompt ist ein Eingabebefehl, den du im Chatfenster von ChatGPT verwendest, um die KI zu steuern und mit ihr zu interagieren.

Einfache Prompts

Ein einfacher Prompt ist eine kurze und klare Eingabe, die eine spezifische Frage oder Anweisung an die KI richtet. Er steuert die KI ohne komplexe Details oder zusätzlichen Kontext, um eine präzise und direkte Antwort zu erhalten.

Beispiel aus dem Spanischunterricht: "Gib mir fünf spanische Sätze im Präsens über den Alltag."

Hier erwartet man von der KI eine direkte Antwort ohne komplizierte Erklärungen. Dadurch bekommst du oder deine Schüler*innen schnell Beispiele für den Unterricht.

Ausführliche Prompts

Ein ausführlicher Prompt ist eine detaillierte Eingabe, die der KI mehr Kontext und spezifische Anweisungen gibt, um präzisere und tiefere Antworten zu erhalten. Solche Prompts enthalten oft zusätzliche Informationen oder Bedingungen, die das gewünschte Ergebnis genauer definieren.

Beispiel im Spanischunterricht: "Erstelle fünf spanische Sätze im Präsens, die sich auf den Alltag einer Lehrkraft beziehen, und erkläre kurz die verwendeten Verben in jeder Form. Nutze eine einfache Sprache."

In diesem Fall erwartet man nicht nur die Sätze, sondern auch Erklärungen zur Grammatik, wodurch die Antwort detaillierter und lehrreicher wird.

2.2 In Schritten zum richtigen Prompt

Den richtigen Prompt Schritt für Schritt entwickeln

Manchmal führt ein einzelner Prompt nicht direkt zum gewünschten Ergebnis, vor allem wenn man komplexe oder detaillierte Ausgaben erwartet. Wenn viele Informationen in den Prompt integriert werden, kann es passieren, dass nicht alle Angaben korrekt umgesetzt werden. In solchen Fällen lohnt es sich, den Prozess in kleine Schritte zu unterteilen. Dadurch kannst du jederzeit prüfen, ob du auf dem richtigen Weg bist und schrittweise das Ergebnis optimieren.

So gehts du vor:

1. Überlege dir zunächst, wie das gewünschte Ergebnis aussehen soll, und starte mit einem ersten einfachen Prompt.

2. Überprüfe das Resultat.

3. Gib anschließend einen angepassten Prompt ein, um das   Ergebnis weiter zu verfeinern und besser an deine Vorstellungen anzupassen.

4. Wiederhole den Überprüfungsschritt und arbeite nach diesem Schema weiter, bis das gewünschte Ergebnis erreicht ist.

Indem du schrittweise vorgehst, behältst du die Kontrolle und kannst gezielt auf das Ziel hinarbeiten.

03

Textarbeit mit ChatGPT

3.1. Die Erstellung von Texten

Es gibt viele Möglichkeiten, Texte zu erstellen - von einfachen Prompts bis hin zu komplexen Anweisungen mit mehreren Strukturelementen. Du kannst die Prompts auf Deutsch oder im Fremdsprachenunterricht auch in der Fremdsprache formulieren.

Einfache Prompts

 **"Schreibe eine kurze E-Mail an *Johannes* oder *Anna** und lade ihn/sie zu meinem Geburtstag ein."** (Ejemplo: Escribe un correo electrónico breve a *Johannes o Johanna* y invítalo/la a mi cumpleaños.)

 **"Schreibe einen Reisebericht über *Andalusien*. Schreibe über die schönsten Orte und die kulturellen oder landschaftlichen Highlights."**

Diese Prompts sind nützlich, um Lehrkräften oder Lernenden im Bereich des Schreibens zu helfen, indem sie verschiedene Ansätze zur Textgenerierung anbieten.

Prompt- Elemente für ausführliche Prompts

Aufgabe:
- Beschreibe klar, welche Textsorte erstellt werden soll. **z.B. „Schreibe eine E-Mail an Anna."**

Zielgruppe:
- Gib die Person oder Gruppe an, an die sich der Text richtet. **z.B. „Richte die E-Mail an Anna, eine gute Freundin."**

Inhalt:
- Beschreibe den gewünschten Inhalt möglichst präzise. **z.B. „Lade Anna zu meinem Geburtstag ein. Am 02.02., 15.00 Uhr bei mir. Wir gehen klettern."**

Struktur:
- Gib Hinweise, wie der Text aufgebaut sein soll. **z.B. „Beginne mit einer freundlichen Anrede, erwähne die Feierdetails, und schließe mit einer herzlichen Schlussformel."**

Länge:
- Gib die gewünschte Textlänge oder den Umfang an. **z.B. ca. 10 Sätze oder maximal 500 Zeichen.**

Stil:
- Beschreibe, wie der Text wirken soll z. B. sachlich, humorvoll, informell.

Beispiel-Prompt:

„Schreibe eine lockere, freundliche E-Mail auf Deutsch an Anna, in der du sie zu deinem Geburtstag am 02. Februar um 18 Uhr bei dir zu Hause einlädst. Beschreibe kurz, dass wir klettern gehen und frage, ob sie einen Snack mitbringen kann. Verwende ca. 8–10 Sätze."

3.2. Differenzierung von Texten

Texte können mit ChatGPT nach verschiedenen Kriterien wie Länge, Schwierigkeitsgrad und Sprachniveau differenziert werden. Dadurch erhalten Lehrkräfte und Lernende im Handumdrehen maßgeschneiderte Lernangebote, die auf die individuellen Bedürfnisse zugeschnitten sind.

Beispiele

Einfache Prompts

"Schreibe diesen Text in einfacher Sprache." - *Text einfügen**

"Schreibe den Text (länger)." - *Text einfügen*

"Verwende in dem Text weniger Fachwörter." - *Text einfügen*

"Gib den nachfolgenden Text in einfachem und/ oder anspruchsvollem Sprachniveau wieder." - *Text einfügen**

Prompt- Elemente für ausführliche Prompts

Aufgabe:
- Beschreibe klar, welcher Text geschrieben werden soll. z.B. **"Schreibe einen Text über die Vorteile des Fremdsprachenlernens für Berufsschullehrer*innen. "**

Sprachniveau:
- Angaben zum Sprachniveau machen z.B. einfache Sprache, Sprachanfänger*in, wenig Fachbegriffe etc.

Länge:
- Textlänge angeben, z.B. ca. 500 Wörter, 10 Sätze, 200 - 300 Wörter, 6 Absätze etc.

Zielgruppe:
- hier Zielgruppe des Textes angeben, z.B. Berufsschullehrer*in etc.

*An dieser Stelle fügst du nachfolgend Texte ein, mit denen die KI arbeiten soll.

 **Beispiel Prompt:**
Schreibe einen informativen Text auf Deutsch über die Vorteile des Fremdsprachenlernens für Berufsschullehrer*innen. Verwende einfache Sprache und vermeide Fachbegriffe. Beschreibe in 200–300 Wörtern, warum Fremdsprachen wichtig sind, und nenne drei Vorteile (bessere Berufschancen, interkulturelle Kompetenz, persönliche Weiterentwicklung). Gehe kurz auf digitale Tools ein, die den Lernprozess unterstützen können. Gliedere den Text in 4 Absätze: Einleitung, drei Vorteile, motivierendes Fazit.

3.3. Texte strukturieren

Mit ChatGPT können bestehende Texte durch einfache Prompts gegliedert und strukturiert werden.

- *"Text einfügen - "***Gliedere den Text und finde für jeden Abschnitt Über- und Unterüberschriften.**

- *"Text einfügen - ***Gliedere den Text sinnvoll."**

- *"Text einfügen - ***Finde Zwischenüberschriften."**

- *"Text einfügen - ***Gliedere den Text in 8 Abschnitte."**

3.4. Hilfestellung beim Schreiben

ChatGPT kann im Unterricht und im Schulalltag als Unterstützung für den Schreibprozess eingesetzt werden. Die KI bietet beispielsweise Hilfe bei der Formulierung von Sätzen oder der Strukturierung von Texten an.

- **"Mach mir Vorschläge für einen Elternbrief: z.B. Ankündigung einer Klassenfahrt nach Amsterdam!"**

- **"Gib mir Hinweise zu Inhalt und Struktur eines Lehrwerks."**

- **"Gib mir ein Synonym für das Wort "Hilfestellung".**

- **"Gib mir Ideen für einen motivierenden Post für Instagram oder diie Schulhomepage: z.B. Warum klettern in der Schule?"**

Mein Tipp

Vgl. auch *2.2 In Schritten zum richtigen Prompt.* Schritt für Schritt kannst Du deine Resultate verfeinern.

3.5. Ausformulierung von Texten

ChatGPT kann auch Stichpunkte und Notizen ausformulieren. Das kann im Schulalltag an vielen Stellen hilfreich sein.

Beispiele

"Stichpunkte einfügen - **Formuliere aus."**

"Notizen einfügen - **Schreibe ein kurzes Essay über die Notizen."**

"Stichpunkte einfügen - **Schreibe in ganzen Sätzen."**

Prompt- Elemente für ausführliche Prompts

Aufgabe definieren:
- Klare Beschreibung des Ziels. z.B.: **„Schreibe eine Instagram-Bildunterschrift zum Thema Sprachenlernen."**

Zielgruppe angeben:
- Definieren, wer angesprochen werden soll. z. B: **„Lehrkräfte, die digitale Tools nutzen möchten."**

Stil und Ton festlegen:
- Beschreibung des gewünschten Stils (humorvoll, sachlich, kreativ), **Beispiel: „Freundlich und motivierend."**

Struktur und Länge:
- Aufbau (Absätze, Listen, Fließtext), Maximaler Umfang (z. B. Wortanzahl) **z.B. „Max. 150 Wörter, in 3 Absätzen."**

Beispiele und Einschränkungen:
- Konkrete Beispiele angeben.
- Ungewünschte Elemente nennen.
- **Beispiel: „Kein Fachjargon,**
- **Beispiel: "Sprachen öffnen Türen, KI zeigt den Schlüssel."**

3.6. Verbesserung von Texten

Ganze Texte oder einzelne Abschnitte können mit ChatGPT sprachlich optimiert werden. Dies eröffnet wiederum verschiedene Anwendungsmöglichkeiten im Unterricht.

✅ *"Text einfügen -* **Verbessere den Schreibstil."**

✅ *"Text einfügen -* **Korrigiere die Rechtschreibung und zeige Korrekturen an."**

✅ *"Text einfügen -***Korrigiere die Grammatik."**

3.7. Erstellen von Zusammenfassungen

ChatGPT kann Inhalte von Büchern, Filmen, Dokumentationen sowie verschiedenen Texten, Gedichten und Songs zusammenfassen.

✅ *"Text einfügen -* **Fasse den Text zusammen."**

✅ *"Text einfügen -* **Fasse die wichtigsten Informationen zusammen."**

✅ **"Fasse den Film** *¡Ahora qué!* **zusammen."**

✅ *"Text einfügen -* **Fasse den Inhalt des Buches "Don Carlos" in 10 Sätzen zusammen."**

Durch ausführliche Prompts kannst du deine Zusammenfassungen noch mehr konkretisieren. Beachte allerdings, dass ChatGPT gerne Inhalte erfindet, wenn ihr ungenaue Informationen vorliegen.

Vertraue ChatGPT nicht blind. Bitte alles nochmal gegenlesen!

LOADING ...

Dein Fortschritt

Großartig!

DU HAST DIE HÄLFTE BEREITS GESCHAFFT!

04

Themen bearbeiten, diskutieren und deuten

4.1 Themen bearbeiten

ChatGPT hilft Lehrkräften, komplexe Themen effizient zu strukturieren und zu gliedern. Es bietet eine klare Grundlage für die Planung von Präsentationen, Hausarbeiten oder Projekten, indem es Inhalte übersichtlich aufbereitet und dabei Zeit und Aufwand spart. So können Lehrkräfte sich stärker auf die didaktische Vermittlung konzentrieren.

 "Erstelle eine Gliederung zu: KI im Unterricht."

 "Strukturiere das Thema: Von der Inventur zur Bilanz."

 Oder als ausführlicher Prompt: **"Erstelle eine Gliederung zu dem Thema - *Thema eingeben".***

Ziel:
hier nennen, wofür die Gliederung dient, z.B. Präsentation, Facharbeit etc.

Umfang:
Angaben zum Umfang, z.B. 5 Unterthemen, 10 Gliederungspunkte o.ä.

Zielgruppe:
Zielgruppe des Textes angeben z.B. Grundschüler*in, Berufsschüler*in etc.

Sprache:
Angaben zur Sprache machen, z.B. Deutsch, Englisch, Französisch ggf. auch weitere Angaben machen, z.B. ausführliche Stichpunkte, Ausblick und Fazit einbauen o.ä.

4.2 Erörterungen verfassen und vergleichen

ChatGPT unterstützt Lehrkräfte bei der Erstellung von Erörterungen, indem es Optionen anhand von Kriterien vergleicht, Pro- und Contra-Argumente systematisch darstellt und strukturierte Texte generiert. Dies erleichtert die Vorbereitung von Unterrichtsmaterialien, bietet Inspiration für Diskussionsthemen und hilft dabei, komplexe Fragestellungen übersichtlich zu präsentieren.

 Schreibe einen Text mit 5 Pro-Argumenten und 5 Contra-Argumenten zu dem Thema **"Sollte das 13. Gehalt für alle Arbeitnehmer*innen verpflichtend eingeführt werden?"**

ChatGPT kann auch beim Finden von Beispielen und Ideen unterstützen:

 "Nenne mir 5 Ideen, wie ein Abiturjahrgang die Abikasse füllen kann."

ChatGPT bietet vielseitige Einsatzmöglichkeiten für die Unterrichtsvorbereitung und den Unterricht selbst, besonders in der Textarbeit. Es erleichtert die Erstellung von Erwartungshorizonten und die Textauswahl, jedoch ist eine sorgfältige Überprüfung bei komplexen Themen unerlässlich.

4.3 Analysieren von Inhalten

Die Analyse von Inhalten ist ein zentraler Bestandteil der Unterrichtsplanung, da sie Lehrkräften hilft, Lernmaterialien gezielt aufzubereiten, Argumentationsstrukturen zu identifizieren und Schüler*innen ein tieferes Verständnis komplexer Zusammenhänge zu vermitteln. ChatGPT unterstützt dich dabei, indem es Muster in Texten erkennt, strukturierte Antworten liefert und so wertvolle Impulse für deine Unterrichtsgestaltung gibt.

01 **Lege die Ziele fest:**
Überlege, welches Ziel du mit der Inhaltsanalyse verfolgst – Hauptaussagen, Argumentationsstruktur, rhetorische Mittel oder stilistische Merkmale? Eine klare Zielsetzung ermöglicht eine gezielte Nutzung von ChatGPT.

02 **Text hochladen oder kopieren:**
ChatGPT kann längere Texte analysieren, die du einfach kopieren und einfügen oder auszugsweise bearbeiten kannst. Wenn der Text sehr lang ist, arbeite Abschnitt für Abschnitt.

03 **Stelle gezielte Fragen:**
Stelle gezielte Fragen, die auf die Zielsetzung abgestimmt sind. Beispiele: **„Fasse die Hauptaussagen des Textes zusammen." „Welche Argumente verwendet der Autor für seine These?" „Welche rhetorischen Mittel sind erkennbar und wie wirken sie?" „Analysiere den Stil des Textes und beschreibe die Sprachebene."**

04 **Interpretiere die Antworten:**
Betrachte die Antworten kritisch. ChatGPT kann Muster und Strukturen erkennen und analysieren, aber die Interpretation der Ergebnisse liegt bei dir. Ergänze die Hinweise von ChatGPT mit deinen eigenen Beobachtungen und Überlegungen.

05 **Fasse die Ergebnisse zusammen:**
Nutze die Analyse, um den Schüler*innen z.B. eine strukturierte Übersicht über den Textinhalt oder die Wirkung sprachlicher Mittel zu vermitteln. Erstelle ggf. Arbeitsaufgaben, in denen die Schüler*innen eigene Analysen durchführen und die Erkenntnisse aus ChatGPT einfließen lassen.

4.4 Vergleichen von Inhalten

ChatGPT unterstützt Lehrkräfte dabei, Inhalte effektiv zu vergleichen, indem es Gemeinsamkeiten und Unterschiede zwischen Texten oder Argumenten herausarbeitet. Dies erleichtert die Vorbereitung von Unterrichtsmaterialien, die Analyse von Schülerarbeiten und die Entwicklung von Aufgaben, die kritisches Denken fördern. Du kannst gezielte Fragen stellen und strukturierte Antworten erhalten, die als Grundlage für vertiefte Diskussionen und Reflexionen dienen.

01 **Ziele des Vergleichs festlegen:**
Lege fest, welche Aspekte verglichen werden sollen, z. B. Argumentation, Stil oder Sichtweisen. Eine klare Zielsetzung ermöglicht gezielte ChatGPT-Unterstützung.

02 **Texte auswählen und bereitstellen:**
Wähle Texte aus verschiedenen Quellen (z. B. Artikel, Essays) und nutze zentrale Auszüge, um klare Vergleiche zu ermöglichen.

03 **Formuliere gezielte Fragen:**
Formuliere gezielte Fragen, die auf die zu vergleichenden Aspekte abgestimmt sind. Beispiele für Vergleichsfragen könnten sein: **„Welche Hauptaussagen oder Argumente haben die Texte gemeinsam, und wo unterscheiden sie sich?" „Vergleiche die verwendeten Stilmittel und erkläre deren Wirkung in den jeweiligen Texten." „Wie unterscheiden sich die Perspektiven oder Meinungen der Autoren zu diesem Thema?" „Gibt es strukturelle Unterschiede in den Texten, und wie beeinflussen sie das Verständnis?"**

04 **Antworten interpretieren:**
Prüfe die Antworten kritisch. ChatGPT kann Muster und Strukturen erkennen und analysieren, aber die Interpretation der Ergebnisse bleibt bei dir. Ergänze ChatGPTs Hinweise um eigene Beobachtungen und Überlegungen.

05 **ChatGPTs Antworten prüfen und interpretieren:**
Prüfe die von ChatGPT erstellten Antworten und stelle sicher, dass die relevanten Vergleichsaspekte berücksichtigt wurden. Nutze ChatGPTs Antworten als Ausgangspunkt, um eigene Beobachtungen hinzuzufügen und den Vergleich zu vertiefen. Die Ergebnisse können dabei helfen, Unterschiede und Gemeinsamkeiten klar und nachvollziehbar darzustellen.

06 Fasse die wesentlichen Ergebnisse des Vergleichs zusammen. Eine tabellarische Übersicht kann hilfreich sein, um Gemeinsamkeiten und Unterschiede klar hervorzuheben. Diese Zusammenfassung kann den Schüler*innen als Grundlage dienen, um eigene Vergleichsaufgaben zu bearbeiten.

4.5 Erklärung von Sachverhalten und Zusammenhängen

ChatGPT hilft Lehrkräften, komplexe Sachverhalte und Zusammenhänge verständlich aufzubereiten. Durch klare Erklärungen und gezielte Antworten unterstützt es die Entwicklung von Unterrichtsmaterialien, die auf verschiedene Lernniveaus abgestimmt sind. Du kannst so schwierige Themen einfacher vermitteln und deinen Schüler*innen dabei helfen, ein tieferes Verständnis zu entwickeln. ChatGPT bietet zudem Inspiration für Beispiele und Modelle, die abstrakte Konzepte greifbarer machen.

01 Zielsetzung definieren:
Zielsetzung definieren: Überlege zunächst, was du mit der Erklärung eines Sachverhalts oder Zusammenhangs erreichen möchtest. Möchtest du z. B. ein komplexes Konzept verständlich machen, die Bedeutung eines Themas im Kontext verdeutlichen oder praktische Anwendungsbeispiele liefern? Eine klare Zielsetzung hilft, ChatGPT gezielt einzusetzen, um präzise Erklärungen zu generieren, die auf die Bedürfnisse der Schüler*innen abgestimmt sind.

02 Text hochladen oder kopieren:
ChatGPT kann längere Texte analysieren, die du einfach kopierst und einfügst oder in Auszügen bearbeiten lässt. Wenn der Text umfangreich ist, arbeite abschnittsweise.

03 Fragen stellen:
Stelle gezielte Fragen, die auf deine Zielsetzung abgestimmt sind. Beispiele: „**Fasse die Hauptaussagen des Textes zusammen.**" „**Welche Argumente verwendet der Autor für seine These?**" „**Welche rhetorischen Mittel sind erkennbar und wie wirken sie?**" „**Analysiere den Stil des Textes und beschreibe die Sprachebene.**"

04 Antworten interpretieren:
rüfe die von ChatGPT generierten Antworten kritisch. Während ChatGPT Muster und Strukturen erkennt sowie erste Analysen liefert, liegt die endgültige Interpretation bei dir als Lehrkraft. Ergänze die Hinweise von ChatGPT durch eigene fachliche Einschätzungen und didaktische Überlegungen, um die Inhalte optimal für deinen Unterricht anzupassen.

So wird ChatGPT zu einem hilfreichen Werkzeug, das deine Expertise unterstützt, aber nicht ersetzt.

05 **Ergebnisse zusammenfassen:**

Nutze die Analyse, um den Schüler*innen z. B. eine strukturierte Übersicht der Textinhalte oder die Wirkung sprachlicher Mittel zu vermitteln. Erstelle ggf. Arbeitsaufgaben, in denen die Schüler*innen eigene Analysen durchführen und die Erkenntnisse aus ChatGPT einfließen lassen.

05

Unterrichtsplanung und Vorbereitung

5.1 Planung von Unterrichtsreihen

ChatGPT kann dich unterstützen, Unterrichtsreihen effizienter zu planen. Es bietet eine flexible Unterstützung bei der Themenfindung, Strukturierung und Ideenentwicklung. Hier ist ein Schritt-für-Schritt-Ansatz, um das Potenzial von ChatGPT für die Unterrichtsplanung voll auszuschöpfen.

01 **Thema und Lernziele definieren:**
Starte mit einem Ziel: Frage ChatGPT nach einer Einführung, z. B. **„Kurze Übersicht zu [Thema] für die Sekundarstufe I/II."**

Lernziele festlegen:
Nutze ChatGPT, um passende Lernziele zu formulieren, z. B. **„Welche Lernziele passen zu einer Reihe über [Thema]?"**

02 **Struktur für eine Unterrichtsreihe:**
Lasse dir von ChatGPT eine grobe Struktur für deine Unterrichtsreihe vorschlagen, inklusive Einheiten und Zwischenthemen. Beispiel: **„Erstelle eine Struktur für eine sechsstündige Unterrichtsreihe zum Thema [Thema]."**

Aufgaben und Methodenideen:
Frage ChatGPT nach geeigneten Methoden oder Aufgaben, die die Lernziele unterstützen. Beispiel: **„Welche interaktiven Aufgaben passen zur Unterrichtsreihe über [Thema] und fördern das Verständnis der Schüler*innen?"**

03 **Materialvorschläge einholen:**
Frag ChatGPT nach Materialien: **„Welche Ressourcen passen zu [Unterthema]?"**
Arbeitsblätter und Übungen erstellen:
Bitte ChatGPT um Übungen: **„Erstelle eine Aufgabe zu [Unterthema]."**

04 **Differenzierung und Individualisierung:**
Frag ChatGPT: **„Wie passe ich [Thema] an drei Lernniveaus an?"**

Mein Tipp

ChatGPT kann auch bei der Entwicklung von Evaluationsmethoden helfen.
Beispiel: **„Welche Methoden eignen sich, um das Verständnis der Schüler*innen über das Thema [Thema] zu überprüfen?"**

5.2 Planung von Unterrichtsstunden

Bei der Planung von Unterrichtsstunden liefert ChatGPT wertvolle Impulse, wie z. B. Ideen für den Stundenaufbau, passende Aktivitäten oder Differenzierungsansätze. Prüfe diese Vorschläge kritisch, um sicherzustellen, dass sie zu deinen Lernzielen und zur Klasse passen. Während ChatGPT Muster erkennt und hilfreiche Strukturvorschläge bietet, liegt die endgültige Abstimmung und didaktische Anpassung bei dir als Lehrkraft. Ergänze die generierten Inhalte durch eigene pädagogische Überlegungen, um eine passgenaue und wirkungsvolle Unterrichtsstunde zu gestalten.

01 Thema und Lernziele definieren:

Ziele definieren und Lernziele klären: Formuliere klare, konkrete Lernziele. Das hilft ChatGPT, zielgerichtete und passende Vorschläge zu generieren.

Fach und Niveau festlegen:

Gib Fach und Lernstand an, z. B. „Wirtschaft Oberstufe" oder „Spanisch für Anfänger*innen".

02 Struktur vorgeben:

ChatGPT kann helfen, einen Unterrichtsablauf zu entwerfen. Gib dafür eine grobe Struktur vor (z.B. "Einstieg, Hauptteil, Reflexion").

Aktivitäten vorschlagen lassen:

Frag ChatGPT nach Aktivitäten: **„Kreative Übung zu Angebot und Nachfrage?"**

03 Lernniveaus anpassen:

Frag nach Differenzierung: **„Wie erkläre ich [Thema] für Anfänger*innen und Fortgeschrittene?"**

Schülerzentrierte Ansätze:

Bitte um interaktive Aufgaben: **„Welche Gruppenaktivitäten motivieren Schüler*innen zu [Thema]?"**

04 Materialien erstellen:

ChatGPT kann Arbeitsblätter, Fragen, Fallstudien oder Szenarien für Rollenspiele erstellen. Geben Sie dazu das Thema und die gewünschte Komplexität an.

Mein Tipp

Nutze ChatGPT zur Reflexion der Unterrichtsstunde, indem du nach Optimierungsideen fragst. Beispiel: **„Wie könnte ich meine Stunde zu 'Nachhaltigkeit in der Wirtschaft' interaktiver gestalten?"** Alternative Ansätze: Frage nach weiteren Möglichkeiten, um Themen anders zu präsentieren oder zu vertiefen.

5.3 Ideenfindung und ChatGPT

ChatGPT kann dir bei der Ideenfindung für Unterrichtsthemen oder kreative Aufgaben wertvolle Anregungen geben. Es schlägt aktuelle Bezüge, interaktive Ansätze oder differenzierte Materialien vor, die du als Grundlage für die Unterrichtsplanung nutzen kannst. Prüfe diese Vorschläge jedoch kritisch, um sicherzustellen, dass sie zu deinen Lernzielen und der Zielgruppe passen. Ergänze die generierten Ideen durch eigene Überlegungen und passe sie an die spezifischen Bedürfnisse deiner Klasse an, um einen praxisnahen und zielgerichteten Unterricht zu gewährleisten.

Themenfindung für den Unterricht:
Wenn du neue Themen für deinen Unterricht suchst, kann ChatGPT Inspiration liefern. Starte einfach mit einer Frage wie: **„Welche Themen passen gut zum Lerninhalt [dein Thema] für die Klassenstufe X?"** Du erhältst Ideen für aktuelle Bezüge oder interaktive Ansätze, die das Interesse der Schüler*innen wecken.

Kreative Übungen entwickeln:
Gib ChatGPT eine Aufgabe wie: **„Erstelle eine Übung zu ‚Umwelt und Nachhaltigkeit', die Schüler*innen aktiv einbindet."** So erhältst du Ideen, die Lernende zu Mitgestaltenden machen.

Diskussionsfragen erstellen:
Um lebhafte Diskussionen zu fördern, kannst du ChatGPT um Vorschläge für Fragen bitten, die verschiedene Perspektiven abdecken. Z.B. : **"Welche kritischen Fragen könnte man im Unterricht zu [Thema] diskutieren?"** Die Vielfalt der vorgeschlagenen Fragen kann helfen, die Diskussionstiefe zu erweitern und zum kritischen Denken anzuregen.

Projektideen finden:
ChatGPT hilft dir, praxisnahe, fächerübergreifende Projektideen zu finden. Frage: **„Welche Projekte könnten Schüler*innen zu Erneuerbaren Energien erarbeiten?"** – und erhalte vielseitige, fördernde Vorschläge.

Texte und Beispiele als Vorlagen erstellen:
Für Schreibübungen oder Textanalysen: Bitte ChatGPT, Beispieltexte oder Dialoge zu erstellen, z. B. **„Einen kurzen Dialog über [Thema] zur Analyse."** Das spart Zeit und liefert anschauliche Beispiele.

Erklärungen vereinfachen:
Komplexe Sachverhalte lassen sich oft besser vermitteln, wenn sie vereinfacht dargestellt sind. ChatGPT kann Texte in einfache Sprache umwandeln: **„Erkläre [Begriff] so, dass es eine Person ohne Vorkenntnisse versteht."** So erhältst du Erklärungen, die du entweder direkt verwenden oder als Grundlage für eigene Ausführungen nutzen kannst.

Impulse für Differenzierung und Individualisierung:
Frage ChatGPT: **„Wie kann ich [Thema] für ein heterogenes Klassenzimmer differenziert aufbereiten?"** – und erhalte Tipps für Materialanpassung und Aufgaben.

Feedback zur Unterrichtsgestaltung:
Bitte ChatGPT um Feedback: **„Wie kann ich [dein Konzept] klarer gestalten?"** – und erhalte Impulse für eine verständlichere Vermittlung.

5.4 Betriebliche Handlungssituationen und ChatGPT

ChatGPT kann dich bei der Erstellung betrieblicher Handlungssituationen unterstützen. Die generierten Szenarien sind möglicherweise nicht perfekt, bieten jedoch eine solide Grundlage, auf der du aufbauen kannst. Lehrkräfte können diese Vorschläge individuell anpassen, um sie besser auf die spezifischen Lernziele und die Zielgruppe abzustimmen.

Beispiel für eine einfache Situation:
„Ein mittelständisches Unternehmen plant den Erwerb von Rohmaterialien und benötigt einen klar formulierten Kaufvertrag. Die Schüler*innen analysieren die Vertragsbedingungen und erstellen Vorschläge für Optimierungen."

Solche Ansätze können erweitert werden, um praxisorientierte Aufgaben oder fächerübergreifende Projekte zu gestalten.

 "Erstelle eine betriebliche Handlungssituation zum Thema Kaufverträge."

Ergebnis:
Ein mittelständisches Unternehmen, das Schmuck produziert und vertreibt, plant den Erwerb von Rohmaterialien für die bevorstehende Produktionssaison. Es hat einen potenziellen Lieferanten identifiziert, der die notwendigen Materialien zu attraktiven Konditionen anbietet. Da es sich jedoch um die erste Zusammenarbeit handelt, besteht noch keine Geschäftsbeziehung. Daher wird ein Kaufvertrag benötigt, der alle Konditionen und Vereinbarungen klar regelt.

Handlungssituation:
Der Einkaufsleiter des Unternehmens erhält die Aufgabe, die Vertragsverhandlungen mit dem neuen Lieferanten zu führen und den Kaufvertrag abzuschließen. Dabei muss er sicherstellen, dass alle wesentlichen Konditionen festgehalten sind, wie Lieferfristen, Mengen, Qualität, Preis, Zahlungsmodalitäten, Gewährleistung, Haftung und Vertraulichkeit. Zudem achtet er darauf, dass der Vertrag die Interessen des Unternehmens schützt und mit den Richtlinien sowie rechtlichen Vorschriften übereinstimmt. Nach Vertragsabschluss informiert der Einkaufsleiter die betroffenen Abteilungen wie Finanzen und Produktion, um eine termingerechte und spezifikationsgerechte Lieferung sicherzustellen.

 Beispiel mit mehr Kontext:
"Erstelle eine problemorientierte Handlungssituation, bei der ein E- Commerce - Auszubildender/ eine E- Commerce Auszubildende eine Nutzwertanalyse zwischen verschiedenen Online-Vertriebskanälen für den Verkauf von Smartphones und Tablets entscheiden soll. Am Ende bittet der Chef den Auszubildenden um eine Empfehlung."

Ergebnis:

Das Unternehmen plant, sein Sortiment zu erweitern, um eine breitere Kundenbasis zu erreichen. Es möchte in Zukunft auch Smartphones und Tablets anbieten. Der Auszubildende/ die Auszubildende im Bereich E- Commerce soll entscheiden, welche Online- Vertriebskanäle hierfür am besten geeignet sind. Zur Auswahl stehen folgende Kanäle: E- Commerce-Plattformen (z.B. Amazon, eBay), Soziale Medien (z.B. Facebook, Instagram), Marktplätze (z.B. Etsy, Fiverr), Eigenes Webshop etc.

Um eine durchdachte Entscheidung zu treffen, führt der Auszubildende eine Nutzwertanalyse durch. Der Chef sagt: „Ich möchte, dass Sie die Nutzwertanalyse durchführen und am Ende eine fundierte Empfehlung abgeben, welche Vertriebskanäle für uns am besten geeignet sind. Ihre Empfehlung sollte auf fundierten Überlegungen und Daten basieren, damit wir verstehen, warum dies die beste Entscheidung für unser Unternehmen ist."

Mein Tipp

Es ist sinnvoll, das Wort "problemorientiert" oder "mit Problemstellung" in die Aufgabenstellung einzubinden. Solche Formulierungen lenken die KI dazu, realitätsnahe und zielgerichtete Szenarien zu erstellen. Zum Beispiel:

„Erstelle eine problemorientierte Handlungssituation, bei der Schüler*innen zwischen verschiedenen Vertriebskanälen für ein Produkt entscheiden müssen."

Je mehr Kontext und spezifische Informationen eingebunden werden, desto genauer und relevanter ist das Ergebnis. Lehrkräfte können diesen Ansatz nutzen, um praxisnahe Aufgabenstellungen zu entwickeln, die Lernende herausfordern und auf reale Arbeitsumfelder vorbereiten.

5.5 Erstellung von Arbeitsaufträgen

ChatGPT kann dich auch bei der Formulierung von Arbeitsaufträgen unterstützen:

Erstelle eine Arbeitsauftrag zum Thema "Produktionsfaktoren".

Mit mehr Kontext wird der Arbeitsauftrag zielführender: **"Erstelle einen Arbeitsauftrag zu dem Thema Produktionsfaktoren für 90 Minuten mit einer Informationsphase, Anwendungsphase und Übungsphase."**

Man kann den Arbeitsauftrag auch auf eine Handlungssituation beziehen, indem man eine "**Handlungssituation einfügt**" und hierzu einen Arbeitsauftrag erstellt.

Man kann den Arbeitsauftrag auch auf einen Informationstext beziehen, indem man einen *Informationstext einfügt* und hierzu einen Arbeitsauftrag erstellt.

Mein Tipp

Möglicher Kontext zur Optimierung

Operatoren: z.B. nennen, beschreiben, erklären etc. Anforderungsbereiche I-III, Umfang: z.B. 5 Schritte, 3 Aufgaben etc., Zeitangabe: z.B. 90 Minuten Ziel: "Stundenziel nennen".

5.6 Erstellung von Aufgaben, Lückentexte und Quizzfragen

Mit ChatGPT können Lehrkräfte mühelos vielfältige Unterrichtsaufgaben erstellen. Ob offene Fragen, Wahr-/Falsch-Formate, Quizze oder Lückentexte – ChatGPT bietet flexible Unterstützung bei der Gestaltung von Aufgaben und passt die Aufgabenstellungen an die spezifischen Anforderungen und Lernziele an. So können Sie differenzierte und auf die Bedürfnisse Ihrer Schüler*innen abgestimmte Materialien schnell und effizient erstellen.

Promptideen:

„Formuliere fünf Wahr-/Falsch-Fragen für eine Einheit zur Photosynthese." „Lass dir einen Lückentext zur Wiederholung der deutschen Grammatik erstellen." „Kreiere ein Quiz zur Prüfungsvorbereitung in Wirtschaft und nenne die Antwortmöglichkeiten." Erstelle offene Fragen zum Thema Klimawandel, die zu Diskussionen anregen."

5.7 Erstellung eines Erwartungshorizonts für Klassenarbeiten und Tests

01 **Lernziele definieren:**
Für Anfänger*innen sollten die Lernziele vereinfacht und klar formuliert sein. Die Lernziele könnten in diesem Fall lauten:

Grundlegende Begriffe der KLR verstehen (z. B. Kosten, Leistungen, fixe und variable Kosten). Einfache Kostenrechnungen durchführen (z. B. Gesamtkosten berechnen). Grundverständnis für die Bedeutung von Kosten im Unternehmen.

02 **Fachliche Inhalte und Anforderungen zusammenfassen:**
Erstelle eine Übersicht der grundlegenden Inhalte, die abgefragt werden sollen. Einfache Aufgaben für Anfänger*innen könnten folgende Themen beinhalten:

Begriffsdefinitionen (z. B. „Was sind Fixkosten?"). Einfache Rechenaufgaben (z. B. **„Berechne die Gesamtkosten bei gegebenen Fix- und variablen Kosten"**). Einfache Anwendungsaufgaben (z. B. **„Warum sind fixe und variable Kosten für ein Unternehmen wichtig?"**).

03 Lernniveaus anpassen:

Gib eine detaillierte Anweisung: „**Erstelle einen Erwartungshorizont für eine Klassenarbeit in BWL zu Kostenrechnung.**"
Lernziele: Fixkosten/variable Kosten erklären, einfache Berechnungen durchführen. Leistungskriterien: Punkteskala 1–5 für Definitionen und Berechnungen."

04 Passe die Antwort von ChatGPT an die Ansprüche der Klasse an. Eine mögliche Struktur könnte so aussehen:

Begriffe und Definitionen (5 Punkte):

5 Punkte: Alle Begriffe (z. B. Fixkosten, variable Kosten) sind korrekt definiert und einfach erklärt.
3 Punkte: Grundlegende Begriffe sind größtenteils korrekt, jedoch fehlen einfache Details.
1 Punkt: Begriffe sind ungenau oder falsch erklärt.

Einfache Rechenaufgaben (Gesamtkostenberechnung, 5 Punkte):

5 Punkte: Rechenschritte und Ergebnis sind korrekt und nachvollziehbar.
3 Punkte: Ansatz ist teilweise richtig, aber mit kleinen Fehlern.
1 Punkt: Wesentliche Fehler in den Rechenschritten und im Ergebnis.

Anwendungsaufgaben (Bedeutung von Kostenarten, 5 Punkte):

5 Punkte: Klare Erklärung, warum fixe und variable Kosten für das Unternehmen wichtig sind.
3 Punkte: Teilweise korrekte Erklärung, aber einige Aspekte fehlen.
1 Punkt: Erklärung unverständlich oder nicht nachvollziehbar.

06

Bewertung und Feedback mit ChatGPT

6.1 Bewertung und Feedback mit ChatGPT

ChatGPT bietet Lehrkräften zahlreiche Möglichkeiten, die Bewertung und Feedbackerstellung zu erleichtern:

Individualisiertes Feedback:
Entwürfe für Feedback erstellen, die an die Bedürfnisse einzelner Schüler*innen angepasst werden können, etwa bei Sprachfehlern oder Verbesserungsvorschlägen.

Vorschläge für Bewertungskriterien:
Unterstützung bei der Entwicklung klarer und objektiver Kriterien, abgestimmt auf Aufgaben und Fächer.

Alternative Formulierungen:
Bereitstellung abwechslungsreicher Ausdrucksmöglichkeiten, um Wiederholungen zu vermeiden.

Textanalyse: Hilfe bei der Identifizierung von Schlüsselthemen und Problemen in komplexen Texten zur Förderung tieferer Analysen.

 **"Gib Rückmeldung zu dem nachfolgenden Text. Gehe auf folgende Kriterien ein. "Kriterien nennen", z.B. - Inhalt - Sprache - Argumentation - Struktur - ...** *Text einfügen."*

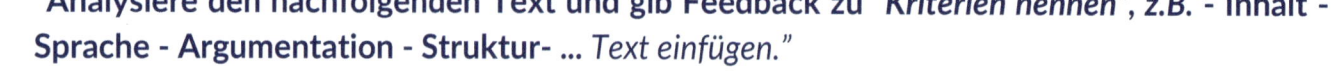 **"Analysiere den nachfolgenden Text und gib Feedback zu** *"Kriterien nennen"*, **z.B. - Inhalt - Sprache - Argumentation - Struktur- ...** *Text einfügen."*

Das Feedback dient hier nicht der Bewertung von Leistungen, sondern stellt lediglich eine Rückmeldung dar, um Schülerergebnisse weiterzuentwickeln. ChatGPT kann aber auch Texte bewerten:

"Text einfügen - **Bewerte den Text und begründe."**

"Text einfügen - **Bewerte den Text mit einer Note von 1 bis 15 Punkte."**

"Text einfügen - **Bewerte den Text mit einer Skala von 100% und begründe."**

GLÜCKWUNSCH
GLÜCKWUNSCH
GLÜCKWUNSCH
GLÜCKWUNSCH
GLÜCKWUNSCH
GLÜCKWUNSCH
GLÜCKWUNSCH

Meilenstein

„Glückwunsch! Du hast dir wertvolles Wissen über KI im Unterricht erarbeitet. Nutze es, um deinen Unterricht mit neuen Ideen und Perspektiven zu bereichern. – denn die Zukunft des Lernens gestaltest du!"

eativität, Organisation und Innovation – meine täglichen Begleiter

Lehrerin, Leiterin der Öffentlichkeitsarbeit und Europakoordinatorin an
em Berufskolleg in NRW sowie Dozentin für digitale Medien kombiniere ich
hwissen mit kreativen Ansätzen, um Projekte zu gestalten und Bildung zu
dernisieren. Dabei ist ChatGPT zu einem unverzichtbaren Partner geworden
on der Planung bis zur Umsetzung.

izienz trifft auf Struktur

beim Tag der Ausbildung, internationalen Schüleraustauschen oder
ategischen Initiativen: ChatGPT hilft, komplexe Projekte zu strukturieren,
ovative Ideen zu entwickeln und klare Agenden zu erstellen.

eativität in Aktion

n Instagram-Posts zur KI-Integration über Tipps fürs Sprachenlernen bis hin
Drehbuchideen für digitale Adventskalender – ChatGPT inspiriert mich zu
ativen Inhalten, die bei meiner Zielgruppe ankommen.

gitalisierung im Unterricht

in Workbook „KI trifft Klassenzimmer", veröffentlicht (auch) auf Eduki,
gt, wie KI im Bildungsbereich sinnvoll eingesetzt werden kann. Auch in
inem neuen Projekt zum Thema KI im Fremdsprachenunterricht unterstützt
atGPT bei der Entwicklung praxisorientierter Materialien.

Meine Vision

kunft gestalten

nge Menschen zu einer verantwortungsvollen Medienkompetenz zu
fähigen und KI „schulfähig" zu machen. ChatGPT ist dabei mehr als ein
rkzeug – es ist ein Partner, der Bildung neu denkt. Denn eins ist sicher:
nn wir Lehrkräfte es nicht tun, machen es unsere Schüler*innen schon
gst.

Quellen:

EDTECH-NETZWERKE

PLATTFORMEN WIE „EDSURGE" UND „EDTECH EUROPE"

FORUM BILDUNG DIGITALISIERUNG

PRAXISORIENTIERTE BEISPIELE UND STUDIEN: BILDUNGDIGITALISIERUNG.DE

DER CHAT-GPT GUIDE FÜR LEHRKRÄFTE" VON MANUEL FLICK, LIZENZIERT

UNTER DER CREATIVE COMMONS BY-SA 4.0 LIZENZ.

ZUGRIFF AM 29.10.2024 HTTPS://MANUELFLICK.NOTION.SITE/DER-CHATGPT-GUIDE-FÜR-LEHRKRÄFTE- F214379898CE405089AC05555F06BA04

Danke Dir! Ich hoffe, dir hat das Workbook weitergeholfen. Wenn

Folge mir für weitere Ideen und Impulse auf Instagram.

 JULIS.HOEGER@GOOGLEMAIL.COM

 **@JULIA_LEHRREICH**